5e édition

—

Assez d'Empire !

———

CATÉCHISME

DE

L'APPEL AU PEUPLE

ÉCRITS ET ACTES DE NAPOLÉON III. — LE
RÈGNE. — LA GUERRE DE 1870. — C'EST LA FRANCE QUI
A VOULU LA GUERRE. — ON ÉTAIT PRÊT.
— IL FALLAIT FAIRE LA PAIX LE 4 SEPTEMBRE, ETC., ETC.

———

15 centimes.

———

PARIS

LE CHEVALIER, ÉDITEUR

61, RUE DE RICHELIEU, 61

1874

CATÉCHISME

DE

L'APPEL AU PEUPLE

CATÉCHISME

DE

L'APPEL AU PEUPLE

————

Il y a quelques années, aux Etats-Unis, une république d'Amérique, éclata une guerre formidable, une guerre civile, qui dura quatre années. Elle coûta plus d'un million d'hommes et dix milliards en argent. Quoi! en république une pareille guerre! Hélas! oui; parce que dans cette république toute bien organisée qu'elle soit, il existait alors à côté de la liberté la mieux assise, un vice monarchique, l'expression la plus effroyable du despotisme, *l'esclavage.*

Bien qu'une même constitution tînt unis les divers Etats composant cette république, il y avait chez elle deux intérêts en présence qui devaient fatalement se heurter un jour et amener la guerre. Certains Etats, ceux du Sud, producteurs de coton et de tabac, vivaient en vertu et par le moyen de l'esclavage; la terre était cultivée par des nègres achetés, des esclaves; les autres États, ceux du Nord, ne connaissaient que le travail libre; et l'industrie et le commerce y avaient une prospérité incomparable.

Qu'était-ce donc que l'esclavage? Il consistait en ceci: un seul individu, un planteur, possédait cent, deux cents, cinq cents esclaves, qu'il avait achetés au marché, comme vous avez acheté vos moutons et vos bœufs; il avait sur eux tout espèce de droit; il pouvait les battre, il pouvait les tuer; il *votait pour eux*; car ces malheureux étaient un élément électoral dont profitait le maître seul. Si quelqu'un cherchait à consoler et à instruire ces misérables créatures, dans la crainte qu'elles apprissent à connaître trop bien leur misère et à se soulever contre ceux qui en étaient les auteurs, en vertu d'un code, le *Code noir*, l'homme charitable, l'homme de bonne volonté était jugé. Il était toujours condamné, le tribunal étant forcément composé de planteurs, et la loi, ils appelaient cela la loi, permettait d'arracher la langue à ce grand coupable. Notez que les planteurs ne faisaient rien autre chose que se promener et chasser; qu'ils n'avaient d'autre ressource que le produit du travail de leurs nègres, et que bien qu'on stimulât le zèle de ceux-ci à grand renfort de coups de fouet, le pays aux esclaves était infiniment plus pauvre que l'autre; la superficie de terrain qui y valait 40 francs, dans un Etat voisin, un Etat à travail libre, en valait 80.

Il en est toujours ainsi, et c'est là l'effet du despotisme; il a le pouvoir de tout amoindrir, de tout détruire, effet naturel et inévitable, puisqu'il enlève à l'homme l'usage de sa volonté.

Les Etats du Nord, honteux de subir un pareil vice social, et de plus, inquiets de voir que les gens du Sud voulaient l'étendre au pays tout entier, prirent les armes ; on se battit, et beaucoup et longtemps, quatre ans ; ceux du Sud tenaient à conserver l'organisation monstrueuse de l'esclavage dont ils vivaient ; ils prétendaient avoir *la liberté de posséder des esclaves.*

Mais ceux du Nord, forts du droit qu'ils tenaient de la raison et de l'humanité, persévérants, courageux, résistèrent jusqu'au bout, malgré des difficultés sans nombre, et finirent par l'emporter. Presque toujours, quand on a la vérité pour soi et qu'on met toute son énergie à la défendre, on arrive à prouver qu'on est le plus fort.

Le droit prime la force, quoiqu'en en disent les grands diplomates.

Eh bien, cette lutte que nous venons d'exposer en quelques mots, c'est la lutte que nous sommes menacés de voir chez nous, entre la République et.... l'Empire.

On nous a dit à nous, républicains : soyez sages, prenez patience, ne pressez rien et la République se fondera. Avons-nous été suffisamment sages, avons-nous fait assez abnégation de nos droits et de nous-mêmes ; et pendant que nous étions sages, que nous patientions, que nous nous abstenions, les autres agissaient, mentaient, calomniaient, mettaient sur le compte de la République les crimes qu'ils avaient commis, les désastres et la ruine dont ils étaient cause; et quand nous avons voulu montrer la vérité, il était trop tard; on nous a opposé le *Code noir*.

Et encore si tous les partisans de la monarchie étaient restés francs et honnêtes; mais combien ont déserté le drapeau blanc, qui avait l'honneur pour lui; le drapeau tricolore, qui avait eu de nombreux jours de gloire, pour s'enrôler sous quelle bannière? Sous celle qui, après avoir traîné dans le sang, tomba dans la boue, sous celle du 2 décembre et de Sedan, sous celle du *Bonapartisme*.

Oui, la lutte est là maintenant! Entre républicains et bonapartistes. Par amour de la patrie, par sentiment de la légitime défense, nous voulons nous défendre, nous voulons la République, car la restauration bonapartiste serait la fin de la France.

Aussi, à ceux qui conspirent pour le retour de ce régime, nous disons : nous savons ce que vous avez fait le 18 brumaire, nous vous avons vu à l'œuvre le 2 décembre 1851, à quelle date, messieurs les Bonapartistes, fixez-vous votre troisième assassinat de la patrie?

Vous nous dites : vous excitez à la haine des citoyens les uns contre les autres, au mépris de certaines classes de la société. Que faites-vous donc, vous autres? Vos pères ont pris part à la première révolution, ils ont anéanti les priviléges de l'aristocratie, brisé son autorité et ils ont bien fait; et vous, leurs fils, vous avez pris la place de cette aristocratie d'autrefois : vous voulez arrêter le progrès, empêcher d'autres que vous de parvenir, et, comme le despote de l'antiquité disait à l'Océan, vous nous dites : vous n'irez pas plus loin, — fortune, fonctions, influence, tout cela est votre propriété, vous n'entendez pas qu'on y touche. En voulons-nous à votre argent, en voulons-nous à vos places? Vous le dites. Prouvez-le donc. Nous, nous ne demandons qu'une chose : nous demandons l'enquête, l'examen; les premières places aux plus dignes. Pourquoi donc nous dirigeriez-vous, si vous valez moins que nous?

Est-ce parce que vous avez été fonctionnaire toute votre vie que votre fils doit être fonctionnaire à son tour? Est-ce que ceux-là seuls qui pensent comme vous doivent avoir de l'avancement? Votre fortune! que voulez-vous que nous en fassions, si nous avons le pouvoir de faire la nôtre? Vos places! Gardez-les si vous en êtes dignes, mais cédez-les à ceux qui sont démontrés plus capables que vous.—Votre intérêt! votre intérêt! et qu'est-ce que votre intérêt auprès de l'intérêt de tous? Celui-là seul nous inquiète et nous occupe. Nous avons bien le droit de le dire, puisque vous le dites aussi. Reste à prouver qui de nous est de bonne foi.

Et c'est la République seule, car elle est le gouvernement de tous, qui peut permettre le concours que nous demandons. Aussi voulons-nous la République.

Vous nous répétez avec dédain : qu'est-ce donc que votre République, que veut-elle ? avez-vous un programme ? montrez-le donc. Oui, nous avons un programme ; il est bien simple :

Liberté pour tous,

et pour y arriver, voilà ce qu'il faut :

La Liberté communale,

C'est-à-dire chacune des 36,000 communes ayant le droit de régir ses intérêts, de choisir ses administrateurs, comme chacun a le droit de prendre l'homme d'affaires qui lui convient;

La Liberté du Culte,

Chacun pratiquant celui qui lui plaît, en payant le ministre qu'il a choisi, comme chacun paie son médecin. Pourquoi, en effet, moi catholique, entretiendrais-je de mon argent les pasteurs protestants ou les rabbins juifs !

Le Service militaire obligatoire pour tous,

Même pour ceux qui veulent être instituteurs ou prêtres. Qu'ils apprennent d'abord à défendre la vie du prochain ; ils n'en défendront que mieux son âme plus tard ;

L'Impôt,

Atteignant la fortune acquise et non la consommation et le travail au jour le jour ; le capital seul est déterminé et puissant ; il peut supporter le fardeau, et c'est sa propre sécurité qu'il paie ; mais que chacun contribue aux charges générales en proportion de ses forces et de ses ressources ;

L'Association libre,

Que les travailleurs aient toute liberté pour chercher leur voie ; qu'ils s'associent entre eux, qu'ils s'associent avec un patron, qu'ils travaillent pour le compte de celui qui les paie, c'est là leur affaire ; qu'ils réfléchissent, qu'ils essaient et se décident ensuite, tant pis pour eux s'ils se trompent ; mais que personne ne les gêne ni ne les entrave. À ce prix seulement, on peut acquérir le droit d'être impitoyable pour ceux qui refusent de travailler ;

L'Instruction primaire, gratuite et

obligatoire,

Gratuite, car l'instruction est aussi nécessaire à l'esprit que l'air est nécessaire au corps, et l'air ne se paye pas ; obligatoire, car un père n'a pas plus le droit d'empêcher son enfant de voir clair et de respirer que de l'empêcher de s'instruire.

Voilà quelques-unes des bases de notre programme. Qu'a-t-il donc de contraire au droit
et à la raison?

Mais vous, vous n'en voulez à aucun prix :
plus de priviléges, plus de faveurs, c'est dur
à supporter. Aussi pas de République, la
monarchie, et quelle monarchie! Le bonapartisme, l'impérialisme, la monarchie sans
scrupules, que rien n'arrête, ni le mensonge,
ni la calomnie, qui gave ceux qui s'en approchent, qui tue et déporte ceux qui le combattent.

Puissions-nous prouver en racontant le
règne de celui à qui nous devons tous nos
désastres, que tout régime du même genre,
ayant forcément les mêmes procédés, aurait
les mêmes effets. — En condamnant le passé,
nous condamnons en même temps l'avenir.

Napoléon Ier, détenu à Sainte-Hélène et implorant sa liberté du prince-Régent d'Angleterre, dans la requête qu'il lui faisait adresser,
le 9 octobre 1816, émettait l'opinion suivante :

« Pourvu qu'on parle aux peuples de liberté
« et d'égalité, je vous réponds qu'on peut les
« opprimer tout à l'aise et leur faire payer
« jusqu'à leur dernier sol, sans qu'ils soient

« tentés de se soulever, et même sans qu'ils
« soient réellement mécontents. »

Cette opinion monstrueuse de l'oncle, fut
comme l'évangile du neveu, Napoléon III, car
il parla beaucoup de liberté et d'égalité. Il se
borna à en parler et ne fut rien autre qu'un
despote.

Nous ne raconterons pas sa naissance ;
nous ne parlerons pas de sa mère ; nous ne
répéterons pas ce qu'on a dit d'elle ; ce sont
là affaires de famille. Nous ne parlerons
même pas des tentatives de Strasbourg et de
Boulogne. Il y a eu depuis des gens condam-
nés à mort pour moins que cela, mais il pa-
raît que ce n'était alors que simples pecca-
dilles. Nous le prendrons à l'époque où il eût
l'âge d'homme et où il manifesta ses pensées
dans ses écrits. Nous comparerons ses écrits
et ses actes, nous examinerons comment il
conseillait d'agir et comment il agit lui-même.

Prenant au hasard dans ses œuvres,
voyons :

Ce qu'il a écrit et ce qu'il a dit.

Le 24 février 1848, la République est pro-
clamée en France ; aussitôt, le 25, il écrit au
Gouvernement provisoire : « J'accours de
l'exil pour me ranger sous le drapeau de la
République. » Le Gouvernement provisoire
l'engage à repartir : « Je m'éloigne momenta-
nément, écrit-il, vous verrez dans ce sacri-

fice la pureté de mes intentions et de mon patriotisme. »

En juin, il est élu député ; il envoie un remerciement à ses électeurs : « Rallions-nous autour de l'autel de la patrie, sous le drapeau de la République. » — « Je désavoue, écrit-il quelques jours plus tard, tous ceux qui me prêtent des intentions ambitieuses que je n'ai pas. Mon nom est un symbole d'ordre, de nationalité, de gloire, et ce serait avec la plus vive douleur que je le verrais servir à augmenter les troubles et les déchirements de la patrie. » Il écrit cela le 14 juin ; il l'écrit, vous entendez bien ; la lettre a été publiée, le cas n'est pas niable ; donc il veut l'ordre, il ne veut pas augmenter les déchirements de la patrie. Comment se fait-il alors que les journaux bonapartistes de l'époque, le *Napoléon républicain*, *l'organisation du travail*, et bien d'autres, fomentaient l'esprit de révolte avec un incroyable cynisme ; que les agents de la candidature de Louis-Napoléon annonçaient que le neveu de l'Empereur paierait l'impôt sur ses revenus ; que, dans beaucoup de lieux, on le refusait aux cris de : vive l'Empereur ! que les fatales journées de juin 1848 commencèrent dans certains quartiers de Paris aux cris de : vive Napoléon ! et que le procès des meurtriers du général Bréa, assassiné à la barrière de Fontainebleau, prouva que Lahr, l'un d'entre eux, avait été en garnison à Ham pendant le séjour du prince Louis-Napoléon et avait constamment conservé des relations avec les meneurs du parti bonapartiste.

Il aime et veut la République ; il aime également les républicains, puisque, en 1832, il les qualifiait ainsi : « la partie la plus énergique de la France, cette portion qui ne se laisse jamais corrompre par le pouvoir et qui envoie à la tribune nationale ou au champ d'honneur, des héros ou des hommes d'Etat, suivant les dangers de la patrie. Cette grande portion de la nation, ce sont les patriotes, et les patriotes d'aujourd'hui sont en grande partie républicains. »

Il était partant tout naturel qu'une fois élu président de la République qu'il aimait tant, le prince Louis-Napoléon prêtât le 20 décembre 1848 le serment suivant : « En présence de Dieu et devant le peuple français représenté par l'Assemblée nationale, je jure de rester fidèle à la République démocratique, une et indivisible, et de remplir tous les devoirs que m'impose la Constitution » ; et il ajouta : « Nous avons, citoyens représentants, une grande mission à remplir : c'est de fonder la République dans l'intérêt de tous. Et Dieu aidant, nous ferons du moins le bien, si nous ne pouvons faire de grandes choses. »

Deux ans après, cette même Assemblée nationale était chassée par ses ordres ; quatre-vingts de ses membres étaient incarcérés, déportés, exilés, et plusieurs milliers de ces républicains, qu'il aimait tant en 1832, mis à mort ou déportés à Lambessa et à Cayenne, et l'Empire remplaçait la République.

Mais peut-on se rappeler toute sa vie ce qu'on écrit ou ce qu'on dit ?

N'écrivait-il pas encore en 1843 : « l'Empire (le premier) avait une administration intègre, économe, qui, avec un budget de sept cents millions, répandait partout la prospérité. »

Comment se fait-il alors que Napoléon III nous quitta en laissant une dette consolidée de douze milliards, une dette flottante de un milliard, un budget de trois milliards. De 1851 à 1873, la dette de la France monta de deux cent quarante-trois millions de rentes à sept cent quarante-huit millions. C'est-à-dire que la dette fit plus que tripler. Qu'était devenu le budget de sept cent millions tant vanté autrefois?

« Si l'humanité permet qu'on hasarde la vie de millions d'hommes (Ham, 1844) sur les champs de bataille pour défendre sa nationalité et son indépendance, elle flétrit et condamne ces guerres immorales qui font tuer des hommes dans le seul but d'influencer l'opinion publique et de soutenir, par quelque expédient, un pouvoir toujours dans l'embarras. »

Comment se peut-il alors que la guerre du Mexique ait été « la plus belle pensée du règne », une guerre qui se fit pour recouvrer une créance si ce n'est fictive, au moins véreuse, et coûta 600 millions et quelque cinquante mille hommes? Pourquoi aussi la seconde expédition de Rome, coût 200 millions? Etait-ce pour « influencer l'opinion publique », procédé qu'on blâmait vertement à Ham en 1844, ou par sentiment de piété envers Sa Sainteté ? Ce serait alors un entretien du culte bien coûteux.

Il est vrai qu'on avait écrit en 1834 : « Eh ! pourquoi un peuple libre resterait-il spectateur indifférent, s'il s'élevait une lutte opiniâtre entre la cause de la liberté et celle de l'esclavage ? » et le hasard a voulu qu'après avoir émis ces sentiments généreux, Napoléon III lors de la guerre des Etats-Unis dont nous parlions plus haut, n'eût de sympathie que pour les Etats du Sud, les Etats à esclaves et qu'il profita de cette lutte pour attaquer le Mexique, état voisin des Etats-Unis ; que lors du soulèvement de la Pologne il ne fit rien pour elle, et qu'en 1864, lorsque le petit Danemark, en tout temps notre allié, fut attaqué par l'Autriche et la Prusse, il ne fit également rien pour lui. Ce n'était guère soutenir la cause du faible contre le fort. De plus, c'était manquer de la prévoyance la plus élémentaire, car la Prusse, fortifiée par cette conquête, ne tarda pas à écraser l'Autriche et à s'annexer plusieurs Etats allemands. Prépondérante alors en Allemagne, elle y réunit des forces considérables devant lesquelles la France succomba en 1870.

Mais poursuivons notre œuvre de rapprochement :

En 1841, il écrit : « La France ne peut pas étendre, sans inconvénient, sa domination sur des points isolés, situés au bout du monde ; ces possessions lointaines, onéreuses en temps de paix, sont désastre   en   ps de guerre. »

La Cochinchine est-elle p   à 4,000 mille

lieues de France et réellement au bout du monde? Mais quand on est empereur, il y a tant de choses dont on ne se rend pas compte qu'on n'a peut-être plus la notion précise des distances.

Malgré tout, « l'Empire c'est la paix »; c'est Napoléon qui l'a dit à Bordeaux en 1852. Et nous avons eu sous l'Empire les guerres de Crimée, d'Italie, du Mexique et celle de Prusse, qui ont à elles quatre augmenté la dette de la France de 500 millions de rentes. Et nous ne comptons pas : la seconde expédition de Rome, ni celles de Chine, de Cochinchine et de Syrie, mais « l'Empire c'est la paix! »

Comme on change! dans son cachot à Ham, en 1843, il admirait « un chef responsable avec deux millions de liste civile; » devenu empereur il lui en fallut une de 25 millions et ses dépenses furent pendant tout le temps qu'il a fait le bonheur de la France de 60 millions par an, soit 164,000 fr. par jour, 6,800 fr. par heure, 145 fr. par minute. C'est à dire qu'une de ses journées représentait 41,000 journées d'ouvrier et 54,600 journées de paysan.

Il avait aussi reproché à Louis-Philippe de « n'avoir pas fait servir l'influence du pouvoir à l'amélioration des mœurs. » Nous ne raconterons pas ici l'histoire intime de Napoléon III; bien des choses se savent sans pouvoir se prouver. Nous nous bornerons à demander sous quel règne la littérature a enfanté des livres plus démoralisateurs que sous l'Empire? Sous quel règne le théâtre se plût davantage à repaître les spectateurs de sujets scandaleux représentés par des actrices vêtues avec un luxe sans pareil ou à peine vêtues. Notez que la *Cour* honorait toujours de sa présence la première représentation de ces sortes de pièces.

C'est par centaines que nous pourrions faire les citations de ce genre où l'empereur Napoléon III fut en contradiction avec tout ce qu'écrivait le prince Louis Napoléon.

Ce qu'écrivait le prince Louis était gros de promesses séduisantes et la France se laissa séduire. L'empereur Napoléon III fit généralement le contraire de ce qu'il écrivait autrefois ; donc il trompa la France. Elle a bien payé son erreur.

Hâtons nous d'arriver à la fin de ce régime,

A la désastreuse Guerre de 1870.

Que disent à cet égard les partisans du régime impérial ?

On était prêt, on avait des alliances, c'est la gauche qui a déclaré la guerre, c'est le pays qui l'a voulue, il fallait remettre le pouvoir à l'impératrice, il fallait faire la paix le 4 septembre.

La France voulait la Guerre.

Qui a dit cela ? Napoléon III en rendant

son épée au roi de Prusse : « Je ne voulais pas la guerre, c'est la nation qui m'a contraint à la faire. »

Quelquefois en cour d'assises on entend un aveu analogue ; un homme est devenu l'amant d'une femme mariée : le mari le gêne, il l'empoisonne : puis, devant les juges, il dit : C'est la femme qui m'a poussé. S'il dit vrai il commet la plus monstrueuse lâcheté. Que fait-il donc s'il ment ?

C'est la France qui l'avait poussé ! et n'était-il pas souverain absolu ? ne faisait-il pas tout ce qu'il voulait ? n'avait-il pas une écrasante majorité dans la Chambre ? n'est-ce pas lui qui choisissait et nommait les fonctionnaires ? Donc la France ne pouvait le pousser puisqu'il était le maître. De plus, il avait consulté la France par l'intermédiaire des préfets et ils avaient répondu : Haute-Garonne, la population sera reconnaissante du maintien de la paix. Gironde : je crois qu'au fond on redoute la guerre. Indre-et-Loire : La guerre est considérée comme un tel fléau qu'on ne veut pas y croire. Loire : Le pays veut la paix. Creuse : Les populations désirent vivement la paix. Vosges, Vaucluse, Nord, Rhône, etc., partout, à l'est, au sud, au nord, à l'ouest, on répond : la Paix ! la Paix ! quinze préfets seulement sur 86 concluent à la guerre sans réserve. A Paris, il est vrai, on brailla : à Berlin ! Mais qui ? les *blouses blanches*. On sait maintenant d'où elles sortaient ; et les manifestations pacifiques étaient brutalement dispersées par les agents. M. Thiers accompagné de MM. Daru et Buffet, qui ne sont pas suspects de républicanisme, purent s'apercevoir de la réalité des choses et que la population était loin de désirer la guerre. C'est l'enquête sur le 4 septembre qui a fait ce significatif aveu. Donc Napoléon III a menti en disant : c'est la France qni m'a poussé. Quelle honte !

Qui a voulu cette guerre?

Les gens de l'Empire : tout le dit et le prouve. L'impératrice répétait : Cette guerre, c'est ma guerre, il me la faut; elle ajoutait : Cet enfant (son fils) ne règnera pas si nous n'effaçons pas Sadowa. Le 12 Juillet, lorsque les bruits se répandirent d'un arrangement pacifique avec la Prusse, tous les chefs bonapartistes, s'écriaient en parlant des ministres : ce sont des lâches, des misérables, et les journaux bonapartistes étaient dans leur langage belliqueux jusqu'à la violence; ils n'hésitaient pas à accuser de défaut de patriotisme les députés de la gauche et les organes de l'opposition. Qui ne se rappelle les caricatures représentant, revêtu de l'uniforme prussien, M. Thiers et d'autres personnages opposés à la guerre.

C'est la gauche qui a déclaré la guerre,

Comment se fait-il alors que M. Thiers

qui était à la tête de la gauche ait dit au milieu des murmures, des interruptions, des injures de la majorité : « Vous voulez déclarer « la guerre, vous rompez sur une question « de susceptibilité et quand le fond vous est « accordé, pour une question de forme, vous « vous disposez à verser des torrents de « sang. »

N'est-ce pas encore M. Thiers et les autres députés de la gauche qui répondirent par des vérités manifestes aux députés bonapartistes prétendant que

On était prêt

pour cette guerre fatale. Le ministre de la guerre, le maréchal Lebœuf, avait dit : « Quand même la guerre durerait deux ans « on ne manquerait pas d'un bouton de « guêtre » et le 17 juillet M. Rouher osait dire à la tribune, « L'Empereur, depuis quatre « années, a porté à la plus haute perfection « l'armement de nos soldats, élevé à toute « sa puissance l'organisation de nos forces « militaires. *Grâce a vos soins la France est* « *prête, Sire...* » Et le premier août, on n'avait que 243,000 hommes à opposer à plus de 800,000. A Strasbourg, on trouvait des canons, mais ni roues, ni affûts; on manquait de biscuit; les équipages du train étaient en déficit de 4000 hommes et de 12000 chevaux ; à Lyon on aurait dû trouver dans les magasins 500,000 paires de souliers et le général de Palikao a déclaré qu'il n'y en avait que 33 !

Les troupes manquèrent de pain et de viande ; à Metz en vue de l'ennemi, pas de moyens de transports, pas de comptables, pas d'ouvriers. Pas d'argent, dans les caisses du corps, télégraphie le général de Failly. Pas une carte de la frontière de France, télégraphie Ducrot. — Arrivé à Belfort, sais pas où sont mes régiments, télégraphie le général Michel.— Je n'ai pas une ration, télégraphie l'intendant du 6e corps. — Le 7 août, la garde mobile n'a pas encore un fusil, télégraphie le préfet du Rhône. — Et c'est par centaines qu'on trouva des dépêches du même genre dans les papiers des Tuileries ! On avait annoncé dix mille canons, on n'en trouva que deux mille ; moitié moins que l'armée prussienne, et de plus, d'un calibre et d'une portée trois fois inférieure ; en dehors de Paris il n'existait que « cinq millions de cartouches»; de quoi livrer une petite bataille. On assurait avoir trois millions de fusils, mais on faisait entrer en ligne de compte les armes de rebut ou transformées ; en réalité on ne possédait qu'un million de chassepots chiffre à peine suffisant pour une armée de trois cents mille hommes; et le Corps législatif avait voté 440 millions pour la transformation de l'armement !

Que d'exemples d'incurie du même genre et partant que de preuves de mensonges nous pourrions donner encore, tous pris dans les dépositions des maréchaux, des généraux, des intendants !

On avait

Des Alliances.

Le ministre des affaires étrangères déclarait qu'il comptait sur plusieurs alliances, surtout celles de l'Italie et de l'Autriche. Des alliances ! l'Angleterre|lui avait notifié cependant qu'il ne pouvait compter sur son appui.

L'empereur de Russie se montra fermement résolu à ne point intervenir militairement; il n'avait aucun intérêt engagé et il avait pour le roi de Prusse les sentiments les plus affectueux. Quant à l'Italie, des probabilités sérieuses indiquaient que, depuis 1866, elle était liée avec la Prusse par des traités secrets, une guerre sur le Rhin lui donnant l'occasion d'achever son unification en s'emparant de Rome, ce qu'elle fit sans retard pendant la guerre. Restait l'Autriche; mais dès le début des difficultés elle avait fait connaître en ces termes ses intentions. « Des raisons matérielles ne nous permettent pas de prendre une attitude belliqueuse. Nous ne songeons pas à nous précipiter dans la guerre, uniquement parce que cela conviendrait à la France. »

Quelles étaient alors les alliances annoncées par le ministre des affaires étrangères de Napoléon III ?

Il fallait faire la paix le 4 septembre.

Pour faire la paix, ne faut-il pas que les deux ennemis y soient disposés? Et lorsqu'en 1815, les Prussiens avaient voulu déjà nous enlever ce qu'ils nous ont pris en 1871, qu'ils n'en avaient été empêchés alors que par leurs alliés, comment supposer qu'en 1871, après des victoires écrasantes pour nous, n'étant arrêtés cette fois par aucune puissance, ils feraient la paix sans avoir atteint le but de leur ambition? Que nous demandaient-ils? la proclamation d'un de leurs généraux, du baron de Tann datée d'Orléans du 13 octobre 1870, nous l'apprend.

« Quelles sont nos conditions?

« La restitution des provinces qui ont appartenu à l'Allemagne, et où la langue allemande est encore aujourd'hui celle qui domine dans les villes ainsi qu'à la campagne; proprement dit : L'Alsace et la Lorraine allemande.

« Cette prétention est-elle exagérée? »

Qui aurait osé engager à subir cette prétention, sans résister, sans lutter jusqu'au bout?

Evidemment, il y avait des lâches qui auraient préféré la soumission immédiate pour n'avoir à s'exposer ni à la lutte, ni aux privations.

Mais ces lâches ont-ils osé faire l'aveu de leur lâcheté? Non; ils ont fui honteusement cherchant un abri à l'étranger. Ils n'ont rien dit, et s'ils avaient parlé qui les aurait écoutés ?

M. Daru, ancien ministre de Napoléon III, a dit à l'enquête « après la défaite de Sedan, tout le monde a voulu la continuation de la guerre. La satisfaction qui s'est produite en province comme à Paris, après l'échec des négociations de Ferrières en est la preuve. La France a voulu obtenir le respect dû à ceux qui combattent jusqu'à complet épuisement de leurs forces. »

« Notre commission (la commission d'enquête sur le 4 septembre) est unanime à croire que les membres du Gouvernement du 4 septembre ont eu raison d'essayer de défendre Paris et la France. »

Est-il prouvé ainsi qu'on ne pouvait faire là paix et qu'on ne devait pas la faire ?

Il fallait confier le pouvoir à l'Impératrice.

Mais où était-elle le 4 septembre, cette impératrice ? En fuite, puisqu'elle était restée seule, tous ceux que l'Empire avait gorgés, le mot est d'un aide-de-camp d'un général des Tuileries, s'étant dérobés à l'heure du danger. L'Empire *abandonné par ceux qui devaient le défendre* fut renversé. Qui a dit cela ? Napoléon III lui-même, dans un manifeste qu'il osa adresser au peuple français le 4 février 1871 pendant qu'il était prisonnier à Wilhelmshöhe. Etait-il donc possible de prendre pour diriger la France au milieu d'une pareille tempête une femme, et qui plus est, une femme qui n'était plus en France ?

L'empereur fut trahi !

Trahi ! C'est bientôt dit.

Et puis n'est-ce pas lui qui avait choisi les chefs ? n'était-il pas responsable alors de leurs faits et gestes ? Un patron n'est-il pas responsable de ses commis ? Un père, de ses enfants ? Donc, si Napoléon III a été trahi, n'en est-il pas la première cause ? Et ce n'est pas lui qui a été trahi, c'est la France, et par qui ? Par lui, Napoléon, occupé avant tout des intérêts de sa couronne et de sa dynastie ; il en a fait l'aveu. Lisez la lettre qu'il écrivait de Wilhelmshohe, le 29 octobre 1870, à un ami, un anglais, le général Burgoyne.

« Vous avez compris que nos désastres
« viennent de cette cause, que les Prussiens
« ont été prêts plutôt que nous, et que pour
« ainsi dire, ils nous ont pris en flagrant délit
« de formation.

« L'offensive m'était devenue impossible, et
« je me suis résolu à la défensive ; mais *em-*
« *pêché par des considérations politiques*, la
« marche en arrière a été retardée, puis est
« devenue impossible.

« Revenu à Châlons, j'ai voulu conduire
« la dernière armée qui me restait à Paris.
« Mais là encore des *considérations politiques*
« *m'ont forcé à faire la marche la plus impru-*
« *dente* et la moins stratégique, qui a fini
« par Sedan. »

Est-ce assez significatif? Voit-on suffisamment par cette lettre 1° qu'on n'était pas prêt
pour la guerre, malgré toutes les déclarations
contraires : 2° que les préoccupations politiques passaient avant tout, c'est à dire qu'avant
de se défendre contre la Prusse, il fallait se
défendre contre la France et *se conserver* à
elle. Aussi quand à Sedan le général Wimpffen
dit à Napoléon : Sire, mettez-vous à notre
tête, nous passerons ou nous mourrons, comment répond Napoléon? — Il fait arborer le
drapeau parlementaire et se rend prisonnier
avec toute l'armée. — La fin était digne du
régne.

Conclusion.

Tout ce que nous venons d'exposer ne peut
être démenti. Ce sont les écrits et les paroles
de Napoléon III que nous avons cités; ce
sont les actes connus de tous que nous avons
exposés. Le premier empereur qui a tant
coûté à la France avait le prestige de la gloire;
le second qui lui a coûté deux de nos plus
belles provinces et dix milliards, quel prestige a-t-il eu?

L'incurie, l'imprévoyance, le mensonge sont-
ils devenus en France des titres à la gloire?

Nous le savons, il y a le gros argument :

Sous lui les affaires marchaient.

Mais est-ce lui qui en était la cause ? N'étaient-ce pas plutôt les progrès du commerce et de l'industrie, les facilités de communications et de relations accrues, le progrès général qui se fait naturellement en dépit de tout et de tous ? Et puis oublions-nous ce qu'il nous a fallu payer après la guerre, à l'aide d'un emprunt dont il nous faut servir les intérêts, comme ceux des nombreux emprunts contractés pendant le régime impérial ? Or si vous vous associez avec quelqu'un qui pendant deux jours de suite vous fait gagner 20 francs par jour, mais le troisième jour vous fait perdre cent francs, direz-vous que ce quelqu'un vous a enrichi ? N'est-il pas évident au contraire qu'il vous a fait perdre 60 francs ? N'est-ce pas la situation de la France dans son association avec Napoléon III, en supposant encore que les bénéfices des premiers temps puissent lui être attribués ? Il ne faut pas raisonner un instant pour ne pas s'apercevoir de cela. Et maintenant que nous sommes en république, est-ce que les produits ne se vendent pas aussi bien que sous l'empire ? Dans le Calvados, par exemple, qui vient cependant d'envoyer un député bonapartiste à la chambre, savez-vous combien les éleveurs vendent leurs bœufs, leurs moutons, leurs veaux ? Le bœuf, vingt sous la livre ; le mouton, vingt-deux sous ; le veau, vingt-quatre sous. Eh bien, du temps de l'empire, les plus hauts cours sur toutes les espèces n'ont jamais dépassé dix-huit sous. Qu'ont donc perdu les habitants du Calvados à la chute de l'empire ? et notez qu'il en est de même pour toutes les substances alimentaires.

Alors quel titre reste-t-il à Napoléon III ? Rien, absolument rien, que le souvenir des faiblesses dont nous sommes coupables, nous Français, et celui de nos désastres, de nos défaites, dont lui Napoléon III est la véritable cause.

Et on nous propose un appel au peuple, espérant qu'après en être venus de Napoléon Ier à Napoléon III, nous en arriverions à Napoléon IV !

Napoléon IV ! un enfant, qui n'a pas même eu le commencement pénible de son père, qui n'a pas pour lui cette école de la prison, où forcément il faut réfléchir et étudier. Napoléon IV ! qui, dès sa première jeunesse, a vécu dans une cour somptueuse, avide de luxe et de fêtes, peuplée de courtisans qui lui répétaient : Tout ce que vous avez sous les yeux, choses et gens, tout cela est à vous.

C'est en faveur de cet enfant, après avoir répandu mensonges et calomnies contre la République et les républicains, que l'on veut nous adresser un APPEL.

Ils disent *Appel au Peuple*, mais c'est PLÉBISCITE qu'ils devraient dire. Car l'appel au peuple c'est nous républicains, qui ne cessons de le demander ; ne voulons-nous pas en effet que le peuple nomme ses députés, ses conseillers généraux, ses conseillers municipaux, ses maires, en un mot, tous les fonctionnaires chargés de faire ses affaires, et cela en toute liberté, sans que les préfets, sous-préfets et gardes champêtres influencent et trompent l'électeur comme sous l'empire, époque des candidatures officielles et du fameux *Plébiscite* pour lequel on nous dit : votez oui, c'est la paix ; votez non, c'est la guerre. On vota oui, vous vous le rappelez, et quelques mois après, Napoléon déclarait à l'Allemagne la guerre que vous savez, guerre qui nous tua nos enfants et nous enleva notre argent.

Pour réussir, tous les moyens sont bons aux bonapartistes ; prendre la France par la misère, pour y amener le dégoût et la lassitude, est un de leurs procédés favoris. M. Paul de Cassagnac, rédacteur en chef du journal bonapartiste *le Pays*, ne disait-il pas, à la grande réception du 16 mars 1874, à Chislehurst, chez le fils de Napoléon III : « Ce sont les six millions de paysans qu'il faut *travailler*, car c'est avec eux que nous rétablirons l'Empire ; aussi nous maintiendrons le provisoire aussi longtemps que nous pourrons, afin que les campagnes elles-mêmes soient atteintes par la misère. »

Le moyen est infâme, c'est évident. Sera-t-il efficace pour leur cause ? Nous en doutons.

Après avoir vu ce qu'a été le père, nous

pouvons trop facilement préjuger ce que serait le fils. Donc, si on arrivait à

L'Appel au Peuple,

ou plutôt au *Plébiscite*, comment y répon-
drait-on ? Nous le savons d'avance ; la France
ne se déjugerait pas, et c'est elle qui, repré-
sentée par l'Assemblée de Versailles, a, le
1ᵉʳ mars 1870, *confirmé la déchéance de Napoléon III et de sa dynastie, déjà prononcée
par le suffrage universel, et l'a déclaré responsable de la ruine et du démembrement de
laFrance !* car la France partage l'opinion d'un
homme de cœur et de bon sens, l'abbé Mar-
chal, un ancien aumônier de la garde impé-
riale, qui le 2 novembre 1870 écrivait à Nancy
les paroles suivantes :

« L'histoire dira qu'un bandit couronné,
au lieu d'armer son peuple contre l'étranger,
n'a songé qu' à s'armer contre lui, qu'après
avoir sauvé pour sa part *deux cents millions
d'économie*, il a laissé la France aux abois,
avec les débris d'une couronne profanée,
vingt milliards de dettes, et le fléau de l'invasion.

« Peuples, instruisez-vous ; et vous, habitants de nos campagnes, efforcez-vous de
comprendre. Si l'on enlève vos chevaux, vos
bestiaux et vos voitures, après avoir pris vos
fils pour les conduire à la boucherie, c'est
grâce à l'empire, à cet empire que vous avez
tant acclamé, après avoir fermé l'oreille à la
voix de ceux qui voulaient vous instruire.

. . . .

« Donc, ne votez jamais sans savoir ce que
vous faites. Les impôts deviendront lourds ;
il faut s'y attendre, des hypocrites viendront
et diront : « Vois comme la République est
« bonne mère ; au temps de l'empereur, tu ne
« payais pas autant, et maintenant tu payes
« davantage. » Répondez-leur avec mépris :
« Retirez-vous satans ; si nous payons si cher,
« c'est que nous acquittons la note des folies
« et des crimes de l'empire. »

LES DÉPENSES DE NAPOLÉON III

ont été de plus d'un milliard, pendant les dix-huit ans de son règne, puisqu'elles ont été, pendant tout le temps qu'il *a fait le bonheur de la France*, de 60 millions par an environ, soit 164,000 francs par jour 6,800 francs par heure, 145 francs par minute. Il dépensait plus d'un million en chauffage, deux millions neuf cent mille francs pour sa nourritures plus de deux millions pour ses chevaux, un million sept cent mille francs pour ses domestiques. Or, avec *soixante millions*, on pourrait acheter cent vingt mille bœufs de charretier, deux cent mille bœufs de charrue, deux cent quarante mille vaches laitières, cent cinquante mille chevaux de montagne au-dessous de deux ans, deux millions de moutons, vingt-quatre millions d'oies, quarante-huit millions de poulets. Avec ces *soixante millions*, on pourrait bâtir quatre mille écoles, à 15,000 francs; huit mille maisons de paysan à 7,500 francs; douze mille lavoir, publics; enfin, avec soixante millions on payerait cent mille instituteurs à 600 francs par an, ce qui n'est pas suffisant, mais cinquante mille à 1,200 francs, Un ouvrier bien payé gagne 4 francs par jour, un paysan aisé 3 fr. Donc, une journée de celui qui nous a valu cinq milliards d'indemnités à payer représentait 41,000 journées d'ouvriers et 54,600 journées de paysans. La République a supprimé un fonctionnaire ayant les dents assez longues pour nous coûter en nourriture 5,400 francs par jour. Soyons-lui reconnaissants de ce bienfait et plaignons ceux qui regrettent un pareil régime.

DÉCHÉANCE

DE

NAPOLÉON III ET DE SA DYNASTIE

Confirmée

PAR L'ASSEMBLÉE NATIONALE.

A la séance du 1er mars 1871, un député ayant essayé de défendre le gouvernement impérial, a provoqué une vive agitation dans la salle. Un grand nombre de membres ont proposé et l'Assemblée a adopté avec acclamations, l'ordre du jour, dont la teneur suit :

« L'assemblée nationale clôt l'incident et dans les circonstances douloureuses que traverse la patrie, en fait de protestations et de réserves inattendues, *confirme la déchéance de Napoléon III et de sa dynastie,* déjà prononcée par le suffrage universel, et *le déclare responsable de la ruine, de l'invasion et du démembrement de la France.* »

Six députés seulement ont voté contre.

A la même Librairie

L'histoire montrée dans la lanterne magique : L'Inquisition, La Saint-Barthélemy, Jeanne-d'Arc, Hoche, Les Hommes noirs, Miracles et Sorcellerie, etc., etc.

Lectures de la société d'Instruction républicaine . Les Paysans avant et après 1789. — La République c'est l'ordre. — Les Prétendants et la République. — La fin des révolutions par la République. — Le Suffrage universel. — Le Maître d'école, etc., etc.

20 brochures à 15 cent., 20 c. par la poste et 7 œuvres à 5 centimes.

Jean Caboche à ses amis les Paysans, par M. L. Gagneur. — 20 cent., 25 c. par la poste.

Mésaventure électorale de M. le baron de Pirouett, racontée par M. L. Gagneur, pour faire suite à J. Caboche. — 20 cent., 25 cent. par la poste.

Les Murailles politiques françaises. Collection des affiches françaises et allemandes apposées en France depuis la déclaration de guerre. — Reproduction *fac simile* et en couleur. 25 fr.

La loi municipale expliquée par MM. Cohn et L. Pasquier. Texte de la loi et commentaire : 60 cent.

Paris. — Imprimerie LIBÉRAL et Cie, rue Saint-Joseph, 20.